EVA YÁRNOZ

CAMINO DE SEDICIÓN

Editorial Dilema
Madrid, 2025

Colección de poesía dirigida por Antonio Ortega

© Eva Mª Arribas Yárnoz
© Editorial Dilema, 2025
Ibáñez Marín, 11, local - 28019 Madrid
Teléfonos: 91 4729 071 y 670 367 479
info@editorialdilema.com
www.editorialdilema.com
ISBN: 978-84-9827-689-3
Depósito legal: M-5872-2025

Diseño de Colección: María Pérez-Aguilera
Diseño de Portada: Esther Hernández
Foto de la autora: Rubén Campos
Maquetación: JMPG - jmpg731@gmail.com

Parte primera:

TENGO UN EJÉRCITO DETRÁS

El cobijo que buscas es exterior, está en lo alto de un lugar de maestros de la oscuridad. Es una montaña azul con manchas negras. El hombre que da la entrada es azul también, y el oscuro lugar en el que te adentras es el miedo de mamá.

La luna es un satélite que regula las mareas y regala sueños. El lugar interior de la luna es el cobijo del soñador.

El satélite de mi madre es un jardín infernal. Regula las mareas de su mente, que sólo ve dolor y tiranía. No sabe que son suyas.

El control de una madre es como el dolor innato de un bebé. Se diría que viene de otras vidas, o que es el dolor de todas. Quizás parieron antes de tiempo un bebé diabólicamente herido. Entonces el trueno no asustaba más que a los culpables. Y el viento sólo azotaba la cara de los malos. Entonces el viento era una cuchilla selectiva. Ahora el viento es sin fin y me toca todo el cuerpo, cuando me porto mal conmigo.

El sabor de la sangre es de ternera tierna y casi sin destetar. La teta de una madre es el rechazo del padre blanco y lívido. El lugar del infierno de un padre es un lecho de flores manchadas de semen. Y el lugar del infierno de un niño es el semen, la sangre, el lecho de flores.

Nada que yo diga ahora va a servir de punto de partida. No busco cobijo en las palabras donde las palabras ya no significan y donde yo ya no tengo nombre.

El círculo es negro y se tiñe de amarillos degradados hasta el blanco, desde el rojo del amanecer.

El cobijo que te das es la sien del zurdo de al lado. El nombre que le pones es de liendres desairadas. El poeta es el loco del zumbido alado y el grito intermitente.

Para mentir mejor, contrólame. Coge las bridas de cabrón que te traes, el nombre que te dan es piadoso, porque tu nombre está hecho del odio de los cobardes, del miedo de los esclavos depravados y del capo del ministerio. Entremeses y bandejas metálicas para matarnos, con vientos del sur envían música sutil que me quema la piel. El cobijo que busco es de alas de insectos amarillos, con tiempos interconectados bailan una danza de cortejo fúnebre. El hombre del saco es una mujer, lleva lentillas que sangran los ojos. El cobijo es de alguien con almohadones irrelevantes. La novelista de moda come donuts de cartón. Habla de comida y engorda con la conversación interminable. El hombre del saco la odia, la mataría. El hombre del saco es una mujer y la voy a matar. Soy yo.

El hombre del saco viene y me está llamando. Abarco con mi cuerpo la plenitud de su ser degradado. Escoria del vientre entrañable. Convertido al grito no articulado, advierte del peligro.

Hay una luna ardiente, bajo el calor de un océano imaginario. Hay un colega que te quiere follar, la envidia de color amarillo, el olor azufre del coño de tu vecina maligna. Es el lugar del origen de todo, la paranoia del que asocia y sufre el mismo dolor, el mismo. Un cuerpo que habla, el estómago, el dolor de mil partos, el origen. Está en el origen. La mierda que nos nutre la ilusión. Quiero escribir sin comas, pero se molestan porque prefieren la comprensión al amor. Les molesta el paradigma diferente, la huida de ellos, el olor de otra piel que no significa.

Cuando el vidrio verdoso de futuras formaciones catedralicias asoma a un cielo amarillo y lleno de aves negras; cuando ese verde de sabor afrutado del vidrio sueña el cielo azufre del amor asociado; cuando puedes oler densidades y jugar a imaginar el rápido agudo de un pacífico motor.

Cuando un conejo sueña ladera arriba un viento y un hocico, una tierra húmeda de hierbas frescas y la piedra fría, para recogerse junto al hogar.

Cuando una liendre se dora al sol del día, bajo fino pelo y junto a pequeñas multitudes que debe vigilar. No vaya a ser que devoren la totalidad de su cuerpo sobre el campo velludo del mundo.

Cuando imagino dimensiones de civilizaciones ajenas, una tierra que se hunda y se expanda, un lugar donde no haya luz y los olores constituyan la definición misma del mundo.

EN NOCHES DE TORMENTA MI SEÑORA SE DABA EN
OGRESA [1], el ácido, la crin anís y el viento ululando entre
el cieno y la mies con olor a
ser del viento y empuje hasta que el dolor era aviso de ley y alerta.

Para sentirte viva, la ogresa se da en fuego y timbre y lanza y
duro golpe y la moral cae y el cuerpo y la mente entran en un
conflicto donde tu perro no duda.

La mente es amarilla y oye moral y es miedo y es razón y
sentido común ocre,
pero el cieno puede ser ocre, es una especie de lugar-celda de
monja para jugar a, de nuevo, sentirte viva.

En ogresa se da con risa y autoridad bárbaras,

Vamos a fortalecer el carácter, esto es una mili diferente.

El tiempo se da como se dan las mentiras y las verdades, se da
en percepción como la realidad.

El tiempo como la mente es un filtro y un medio.
Sin ti contra la moral y en caída con miedo a o a.

(Escalpelo y vientre de Angélica)

---

1. *La torre vigía,* Ana María Matute.

Esta noche se ha abierto un camino sinuoso y amarillo hacia cumbres oscuras. Un conocimiento arcano y futuro, un lugar de piedras y lombriz. La cama dura, el dolor amigo, que te guía y te enseña a rendirte a una Vida total. Sin sufrir más por la vida cómoda del no. No, no, no.

Decir sí a lo que es doloroso abiertamente y sin narrativas, sincera y puramente limitante. Con esa apertura. Hay ruido en la vida, gente que se mueve y te dice todo tipo de cosas que narran lo no conveniente y todo aquello que nos da paz en modo de resistencia. Al final no transigir es el modo del Estado, que te quiere transigiendo a su resistencia. es así de contradictoria la verdad, porque lo que te cuento está compuesto por un lenguaje simbólico y descriptivo, hecho de verdades relativas y compartimentadas, un mapa mental temporal de un punto de una Conciencia que no habla español.

La grasa de tu espalda, esa prominencia invisible de tu piel que se marca con la mente y el sofá. El convenir el modo de pegar, cómo y por qué es una narrativa innecesaria porque aquí se trata de sentir carne y compañía y rellenar almohadas con pluma de conejo.

El consejo que te daría es que te duermas conmigo, al abrigo de un cielo enfangado como la mente; con suerte despertaremos a un día limpio donde el dolor y el placer son lo mismo y el amor no se excluye de esta ecuación de belleza terrorífica.

Pureza sexual, como una jineta que busca su madriguera oscura y cálida al mismo tiempo.

La sombra, el reflejo de un fuego que no se ve. El sonido lejano y ahogado, con ecos. La respiración indescifrable e impersonal.

Por dios, suéltate, quédate sola, vive un poco en la mierda seca que te constituye y nutre. Toda la mierda es buena.

Por dios, renuncia, sé más perra y más puta, más vendida y más regalada, más humilde y más carnaza, orificio y sostén de otros. Que la vida no es un final feliz, es un camino irreflexivo con la mente que crees tener, es un animal y un pulsar y una sensación, es una inteligencia infinitamente superior a ti, que eres presa de creencias mamarrachas y pensamiento precientífico...

Porque nuestro conocimiento científico es tan primitivo que no sabría encontrar metáfora nombre o dolor semejante a nuestra estupidez, por tanto, no deis más el coñazo, si no soportáis ver una pared vacía o un silencio o un camino incierto.

La vida no comete errores, tú tampoco, la vida no se acaba y tú tampoco.

(Discurso de Angélica)

Esta mañana he recibido una llamada. Era ella, la vieja amiga de mi dolor. La consolación era un lugar para destrozar mieles y las avispas derogaban las leyes antiguas a base de picotazos. Sin duda el lugar del que te hablo es de espinas y rosas desmigajadas, pétalos pisados por la certidumbre del placer y del dolor. El consuelo que buscas es airado, es insuficiente siempre, pues lo buscas en las mieles del vencedor ilustrado, y no en la sosegada mierda sobre la que te asientas. El último intento del que gana es siempre pisar, el primer movimiento es no generar enemistades, ya no.

Obrar convencido de la victoria es un lugar inseguro, ya que el tiempo corre para todos y es eterna la búsqueda. Un domingo de suficiente verdor de campo y mies amarillenta, un viento de hormigas sobre un pavimento impoluto, un soleado intento de sonrisa colina abajo.

La mañana que se aviene es de perlas desairadas, es de abrigo solemne que contiene el último lucero de la noche, con siembras de intentos y de congregaciones en soledad.

Viajeros de primera clase, el tiempo previsible para mañana es de hostias y viento helado. La madre de todas, la ira, ha venido para quedarse. Y ella no se va. Serás tú, si quieres, quien decida. El camino es incierto, conductora, vas por piedras, amor imbuido por la tierra. Gris y dura la piedra perdura. Y está viva a la manera del mineral.

El convento de una monja solitaria es refugio de dios y de orgullos. La consolación de la religiosa es un orgasmo de celda y de castigo disuasorio. El cordel del pergamino es de una longitud inacabable, pues abarca el conocimiento fatuo del bien y del mal. Si las premisas son falsas, los silogismos son incorrectos. Los cordeles de dios atan al promiscuo, pero liberan al que no sabe amar. Es eterna la condena del cordero innoble, que no sabe ser buena puta...

...Y la consigna del malo es haz el bien, "piensa-lo". Cuando en realidad el bien prevalece, y es benéfica nuestra existencia, sin necesidad de pensar algo.

El perro y el gato son más inteligentes que yo. Yo sé sumar, ellos saben ser receptores de una inteligencia mayor. Cuatro generaciones de mariposas cruzan el Atlántico, es necesario considerar que su vida es un vuelo jovial., un trayecto de alegría y disfrute, sin jamás pensar en su destino, pues su destino es el vuelo.

La luna que les alumbra, el ruido del mar. Esa luz incontestable que todo lo traspasa es el amor.

Los consuelos de los monjes son de fusta y de oscuridad protectora. La luz disgusta al cura que no puede reír. La luz disgusta al político que no sabe fluir. Más allá de toda ideología, está quien no puede contener su conocimiento en sistemas cerrados de pensamiento, pues la verdad es relativa y mutable.

Veo amanecer en un incierto campo de amapolas, ellas no necesitan conocer el sentido de su vida. No son sino espejos del cielo, avivando una respuesta, agitando su tallo cimbreante, repartiendo esencias.

La Congregación de números y estadísticas reparte consuelo al que necesita certeza. La estadística se proyecta en lo que se busca demostrar. Si un científico desea demostrar algo, sin duda lo hará.

Yo demostraré que tengo razón, porque quizás ese sea el objeto de todo razonamiento. Decidir qué es y qué no. El bien y el mal. La vida escapa a esa categoría.

Conectaré con las almas vivas de un lugar extraño. Será un lugar para la vida y un lugar extraño para las almas muertas.

Esto es un lugar de desconcierto, de extraño vivir en preguntas, un deseo que se hace espacio mortal. Una extraña traducción de un deseo de diluirse en otra que, maestra tuya, no quiere ser nada a tu lado. Todo va al cuarto de baño, con muerte los animales se salvan todo el tiempo. Muerte y templanza, piedras, orgullo no.

Es todo empezar a comenzar y luego seguir y luego hasta donde puedas contar. Somos muy eternos hoy.

El lugar donde te conoces es el lugar que es. Y no puede ser otro nunca. Así que no luches, la lucha no es más que para el amor. Y el amor es atención, ya sea con dominación, ya sea con dulzura, ya sea con engaños. No existen las víctimas donde existe el deseo de amor y de atención, somos animales intuitivos, y sólo a veces racionales, aunque sepamos sumar.

El lugar de la intuición está hecho del látigo del deseo, es un lugar cómodo para existir, es el deseo de la templanza, del estar bien. El deseo es de la comodidad buena, es del luego juntas, porque de otro modo morirías. Pero el deseo es también un apego incómodo. Habría que desear la muerte y el dolor y todo lo bueno que conlleva, para amar bien.

Si con todo te apegas a ideas y con ideas vas, y te mueves, al final puede que derives en algo parecido a la verdad y luego creas que sabes algo.

El lugar del amor es un lugar de rojos destellos incómodos que ciegan los ojos. No te dejan ver lo necio de ti.

Nosotras somos siempre un final, pero tú eres una incómoda maestra que desearía en continuidad. El pavor y el deseo van siempre unidos, pero he comprendido que el pavor, al menos en mi caso, es aprendido. Siempre está ahí; ahora que sé tanto más, el pavor está, absurdamente.

Así desearía en continuidad tu terror "porque esto es una actividad de riesgo". Todo.

Por favor, limpia la habitación, hay una alfombra comida por la mierda de tus pies sucios de postración mental. El lugar al que te quiero enviar es un lugar de higiene y analfabetismo, con carencia de asideros y de amarres mentales. Un océano para ahogarse y hundirse con los restos de los naufragios. Viejas glorias en el fondo del suelo oceánico con grandes cetáceos que bajan a estar solos y a comer algo.

Todo arde.

(Carta a un académico)

Quiero pensar en los presentes múltiples, la vida que es una mente que puede crear tiempo o no. Me gustan los intelectuales que huelen a orín comprensible y encapsulado, el manual del intelectual y la manera de leer. Los libros que hay que leer y cómo suena la voz del considerado inteligente que ha pensado. Me gusta.

Es como una cama redonda con cojines con funda de terciopelo rosa. El escalpelo tatuado de Angélica es para ellos, para su cojín y su vientre.

Los dioses probables juegan al ajedrez con las cabezas y cuerpos probables. En realidad, los dioses crean las dimensiones donde, en sueños probables, tienen su sexo probable con su amante probable y soñado. Los dioses probables consideran improbables a su soñador, consideran que son ellos los que sueñan dioses probables, entidades probables que tienen sexo probable en realidades paralelas con el cuerpo de su yo probable.

La ecuación que deja fuera el amor es la ecuación retorcida de un demonio interno. Es el miedo del amante y el amante reservado para el futuro improbable. Es el negador de dios que sabe que los dioses no odian.

TENGO UN EJÉRCITO DETRÁS. Desdoblaremos la doblez perversa de las verdades corrientes, arribaremos al común lugar, donde no hay muertos. Mis muertos matarán lo muerto de esta tierra. Abarcaremos uno o varios mundos, no habrá mente. Sólo mi ejército. Convertiremos en mentiras todas lo cierto y superfluo. Arribaremos a costas mejores, navegaremos los ríos oscuros y sembraremos amapolas. Los días menos pensados serán los días de inicio. Los días de inicio serán los cumpleaños de los soldados.

Parte segunda:

CAMINO DE SEDICIÓN

El vecino vino fumando y me dijo: "abre la ventana, el tiempo
se va."
El tiempo se fue y así seguí, viendo un aire de verano casi invi-
sible, pero amarillo y arenoso, como el taller de una ebanista.

La cosa siguiente a la cosa prefigurada es diferente a la prefi-
gurada, pero está transida de la impregnación de la prefigu-
ración, y así siempre.

El terremoto del telediario era falso, y el tono del muerto del
micrófono también. Habría matado a su mujer esta mañana
de haberle dejado.

Todo así, sin dique, en amor,
y odios prefigurados. Amor también. Con dureza látigo y
atenciones. Amor también.

Combina perfectamente con tu falda.
El tema y todo lo demás.

Arte de fluidos y exageración, adornos de crítico de suple-
mento cultural. Abismo insondable el comentario insustan-
cial de la novelista de moda. Abismo intelectual el deseo en-
contrado contra muro de cal del novelista de *egosinfín* que se
rodea de sumisos y esclavos.

Con todo, no habrás de volar tan alto, si sin ti el camino está labrado en la piedra y la arena se mueve al son del viento que se va. Se subsume en la música inaudible del insecto que cava surcos.

El tiempo se va por la ventana y el tiempo se subsume también en mente y mundo y traducción simbólica de vibración. Sueño.

Con todo, nadie, figura, te va a recordar. Cuando estemos verdaderamente extinguidos, cuando
seamos el sueño de dios y dios nuestro sueño.

Entonces algún camino se abrirá, o se cerrará, quizás lo cuente alguien y lo encuentre relevante, alguien fundará una academia y una cátedra, y otro se reirá calladamente. El tiempo el ruido; el viento y el mar.

El silencio y el ruido nunca son completos. El ruido siempre tiene un espacio en blanco, un lugar para estar. Quizás antes reviente tu tímpano, pero ese lugar de silencio siempre está y es capaz de imponerse a todo estruendo.

Con todo, "nadie...", figura. Así que el discurso es un lugar para Encontrarse, un lugar para follar también. Ya que, sin sexo, no hay piedra labrada que valga, ni verano, ni plato que llevarse a la boca.

Entiende que daría igual todo, sin ese deseo de encontrarse en fluido y, sí, hasta lo que da en llamarse depravación. La depravación es literaria, la literatura es depravada, como el pensamiento. La moral siempre se trasciende y el dolor es un ratito, ¿verdad? Y así todo. Siempre hay una disculpa para el asesino, para el amante, para el demonio poderoso, para el maestro necio, para esclavo depravadísimo y responsable.

Si entramos en disquisiciones morales, de pobrecita criatura humana, puedo escribir que hay mucha depravación en la mente de un esclavo. Se enamora del afán dominador de otro, lo alimenta. Encuentra estructura y seguridad emocional en un Estado, o en un estado; crea dependencia e ilusión de dominación. Sabe que es falso, pero miente a conciencia. Perdemos la libertad y la verdad porque esa renuncia nos da hogar, certidumbre, ilusión de conocimiento, de salud, de educación. Y en ese mapa que vamos dibujando, en esas lindes, voilà, ahí nos definimos nosotros. Qué pequeños nos hacemos, pero somos enormemente creativos.

El cobijo te lo das, y el tiempo. El tiempo se aviene, transcurre dentro de ti, con diseño mental.
El diseño es de otro, es otro. El tiempo es extraño a Ti. La vida sucede, y es eterna. No consigo habitar el sitio de encuentro. Me hallo sola en un bosque mental y es un bosque terrorífico con enfrentamiento de Mí.
El tiempo sucede y se sucede, la vida no.
la vida es
el tiempo es un lugar para estar
la vida es un lugar para ser.
El tiempo es ruido, mente, mundo, la vida es
un lugar sin lenguaje y a veces en flor.
No se sabe nada más allá del ruido mental. Excepto quizás.
Los siguientes días al día de hoy serán. Ruido, piedras incontables, insignificancia, sueño, evasión. Nadie se acordará de ti, figura.

Conservo un anillo de oro que alguien me dio. El tiempo es oro.

La plata es piel y escama y luna.

El dique del mar es el amor prefigurado.

El amor es el océano. Pero no lo conocemos sino como olas.

Sólo tu ruido conoces, sólo. Imposible del todo conocer la psique, las motivaciones, el alma de otro, salvo cuando tú dejas de ser tú y entonces el otro deja de ser y todo se convierte en un paseo por las nubes o un enorme catre silencioso sedado y animal, donde las voces no son sino un trasfondo como olas y viento y pájaros que, sin duda, dicen más.

La condición previa para la felicidad es azul y negra con surcos que se desvían hacia negro pozo de dolor y de locura. La condición previa y general para la felicidad es un nombre que no existe y una mano que una vez tal vez te acarició mentalmente.

La vez primera del amor es prefigurada, el tiempo de la piedra es la piedra no labrada del amor. El lugar para el amor es un lugar para la sedición y el amarillo de los conventos saturados de brujas es un amarillo del sopor de caminos labrados y mente cobijada.

La verdad es un lugar para no existir, ya que la existencia es narrativa y diluvia.

La soledad es un tiempo fuera de las páginas del libro, el libro es la familia del solo.

Todo lo que existe existió desde siempre, pero el siempre es tiempo. La mente es tiempo, existió abajo, pervive eternamente en el no tiempo arriba; el arriba se encarna en tiempo y el tiempo alimenta la eternidad.

La inmanencia y la trascendencia no tienen sentido en lo inmaterial. Son imágenes: arriba abajo, afuera dentro, son referencias, mapas mentales, utilería filosófica.

El cobijo del asunto es el lugar donde se encuentra un referente máximo con límites y razones de peso, como tetas poderosas que te dan la razón. Así que, con o sin más fundamento, el nombre da cobijo y el final del razonamiento es vacuo y obedece a un terror al no saber y no ser...

(Sigue)

…El par de razones, sin embargo, es más real. Es fuente de deseo y es animalidad consciente e inconsciente, pero real. Si algo puede ser real y visible con forma, es eso. *Why not…*

(Sigue)

...con todo, el final de todo razonamiento es tener razón, y crear y descubrir o describir matemáticamente el mundo como un físico es trazar un mapa donde ponerse nombre y crearse la ilusión de saber. Grandes descubridores que piensan como poetas y arrojan los mapas al fuego. Sacrílegas de la academia y de la inteligencia han sido y serán todas las y los genios de la ciencia, siempre priorizando su pensamiento intuitivo...

(Sigue)

39

...El inteligente es zote por definición...

(Sigue)

...En el momento en que surge un pensamiento (su descripción simbólica) la verdad huye por la ventana, como el tiempo, el viento, el humo y el amante.

Si el momento de creación tuviera un color, no sabría, es un lugar para comprender sin estado, con nombres que surgen temporalmente, con carácter siempre de provisionalidad.

Hay verdades relativas, provisionales, hay verdades o Verdad, eterna, impronunciable, ininteligible, puesto que trasciende el reino de la mente,

pero deseo hablar de temas humanos, exclusivamente, depravadamente humanos...

...El reino de la depravación es el reino de lo humano, es el reino de la tortura mental, es el reino de la salida del paraíso, es el reino de la disfunción, es el reino del sufrimiento psicológico, de la premeditada crueldad de la guerra, de la inquina, de la venganza, del sadismo.

Y con todo, es el reino de todo lo que es.

Nada es eterno donde la polilla y el orín, como dijo la Biblia.
Tampoco material.

El libro es un mapa de la mente de dios,
el universo es una mente,
la materia es un mapa.

Con todo lo que hemos escuchado hasta ahora, las enseñan-
zas, ¿cuánto hemos aprendido? ¿Qué es lo que has aprendido?

Grandes lectores, grandes vagos, como dijeron Schopenhauer
y Nietzsche.

Ruido, pasividad, dámelo, piensa por mí, como si el cuerpo
lingüístico de las cosas, como dijo Valéry, no mudara, como
si fuera posible aprehender la verdad siempre bajo la misma
vibración con los mismos significantes, como si pudiéramos
expresar siempre la misma idea, con los mismos colores, con
el mismo sonido, como si la vida no fuera un baile, llena de
tonalidades y matices sutilísimos que mutan y se expanden
siempre. Como si el pensamiento fuera un museo, como si
la vida no fuera vida, sino... Y aquí no encontraré palabras,
puesto que no hay nada que sea lo opuesto a la vida. La muer-
te no.

Las veces que has perdido, no has perdido. Has tejido una historia de perdición. Has creado un poco de humo y lo existente era inmaterial. La forma es perecedera y volátil, es como una partida de póquer que has olvidado; así las vidas, los nombres. Queremos preguntarnos si somos esa partida de póquer o si somos algo más, o si podemos pensarnos como algo más grande.

Espacio contigo en renuncia a la velocidad, con alcohol. Con deseo, pero en renuncia a la tortura, el miedo.

Encuentro de teclado, de vida, camino, ilusión. Imágenes que son traducción, sonidos que son traducción. Me pregunto por lo que veo, que es una traducción vibracional, y por todo lo que no se puede ver, sino quizás con los ojos del alma. *Qui sais.*

Antes de morir, el muerto dijo: el tiempo es una cáscara, el cuerpo es una cáscara, el amor es el cuerpo.

Y el cuerpo murió y no dejó constancia humana de vida. La vida ya era antes.

Con el convencimiento de no morir, una monja abusadora mató a una niña por silenciar. La emparedó en un convento de las Úrsulas y luego no hizo nada más que rezar. Más allá del bien y el mal, los seres humanos conviven con las ratas.

La única vía de conocimiento es el sol de la mañana y el nombre que no das. La silenciada voz del alma y el consejo del perro. El camino hacia la sabiduría lleva un cáliz de *gin tonic* y un borracho muerto es la imagen de la beatitud. Donde no hay muerte, sino silencio y una inexplicable paz perdurable que no tiene nada que ver contigo, sino que eres tú.

Más allá de esto no hay explicación comunicable…

(Sigue)

...El contenido del silencio es inexplicable también. El arte hace ruido y planta semillas y pone piedras para crear espacio.

El arte cuenta historias, pretende abrir una grieta por la que penetrar a través de la ruidosa humanidad. Pero el ruido también es vida y todo está interpenetrado por ella.

La humanidad es un silencio que no se ha ido y un combate que está siempre por venir. Es el nombre del hijo de dios y el padre de él. Es sin causa, pero no se explica a sí mismo. Es sin nombre y es siempre venidero. Con todo lo que estoy diciendo, estoy completamente segura de que dios te parecerá un concepto, cosa que sin duda es. Y morirá con nosotros *solo si morimos...*

(Sigue)

...La comedia que representamos es arte colectivo. La mente colectiva genera drama y luego encuentra la solución con la siguiente subtrama. Todo ha de tener de contener el germen de su disolución y desilusión, todo ha de generar desafíos y desenvolvimientos, todo ha de ser susceptible de no poder mutar y morir. Todo ha de ser sacudido y todo ha de generar miedo a la muerte.

Somos grandes guionistas.

Con el convencimiento de generar ilusión, el mago saca conejos previsibles de su chistera, el poeta hace versos con estructuras lingüísticas serviles a sistemas de pensamiento automatizados; el filósofo, ya que no puede ser profundo, se pone cenizo y nos anuncia que la vida no tiene sentido; los detectores de problemas nos mantienen sumidos en una mediocridad estanca, donde nada parece tener salida, y siempre, siempre parecen suscitar el aplauso popular.

La legión de inertes mariposas que pueblan los colchones de este hospital. Atadas a la cama, con los pies en alto, las viejas locas boquean. Hay un desmesurado olor a orina de enfermeras. Y el servicio nocturno es la depravación de los guardias de las prisiones.

El ejército de inertes mariposas es un lugar metafórico en medio de una red de pensamiento donde busco el lugar tangible de la carne

la madre de todas las madres, la unión,
el deseo último de ser.

Parte tercera:

DIÁLOGOS DE JAIONE Y SOLO (PRESENTES DEL SUEÑO)

¿Y crees que estás preparada?
¿Para qué?
Para concentrarte
¿En qué?
En nada
Con-centrarte, olvidarte, ser, estar, no sé.
No lo sé.
Estás a punto de parir
¿Parir?
Un hijo del sentimiento y del pensar
Ah
Un lugar que era oscuro para ti se hace luz
¿Se ilumina?
Sí, se ilumina, se adhiere a la piel de todas las cosas

Con razón decían...
¿Qué decían?
Que estabas loca
Estoy loca e ida
¿Ida a dónde?
Al sueño, a los presentes múltiples del sueño
A la realidad multidimensional
Me lees el pensamiento
Claro, soy parte de tu sueño y te estoy soñando yo

Al final era verdad
Qué
Que no moriría, que no había que temer
Es verdad
El temor es irrelevante
Fútil
Eso
Es una manifestación de un deseo
Muchas veces sí, el deseo de dejar de tener miedo.
Eso.

Todos deseamos dejar de tener miedo, ¿pero sin miedo dónde hay placer?
Sin desafío, ¿dónde hay placer?
Sin límite, ¿dónde está el placer?

Sin lugar a duda no tenemos ni idea de lo que nos conviene.
Si hoy todos tus sueños y deseos se realizaran, no querrías vivir.
Serías un dios hastiado, al borde del suicidio. Un dios sin más ganas ya de crear espejos y espejos de espejos de espejos y...

Venga ya
No sé
Humo me estás vendiendo, Jaione.
No lo sé, no vendo nada, Solo, esto es un sueño y es
irrelevante
Todo es irrelevante
Qué alivio
Sí
Entonces habrá que divertirse.

Eso hago
Qué
Divertirme
Bueno, yo no te veo divertirte.
Me torturo a ratos, tengo fantasías, cuerdas que quie-
ro agarrar para seguir escalando un monte al que se
llega en soledad.
Soledad,
Sí
Y deseo.
No casan
Es cierto, la soledad y el deseo no casan, pero casan
Casan, sí.
Sí.

He olvidado el nombre de las cosas. No sé cómo se llaman las cosas.

Puedes decir "cosas"

Sí, "cosas",

Esta cosa me recuerda a esta otra cosa que...

Exacto, y que el mundo sea un verbo,

Como esas lenguas casi extintas que usan verbos sustantivados.

Como esas,

O hacer relativas, La cosa que friega, el hombre que canta,

La hormiga que está muerta

Ja, ja, ja, eso.

Una hormiga muerta.

Lo bueno es que nadie podrá engañarnos, los hechos serán definitivamente más elocuentes que las palabras.

Las aureolas farsantes de bondad de los malignos farsantes.

Eso,

Porque diremos, Fulanita, la que hace eso.

Exacto,

Y no compraremos narrativas de nadie

Soy lo que hago,

Y yo, soy lo que hago

¿Qué haces?

Creo pensamientos, no me quedo a vivir en ninguna parte, no me quedo a vivir en ningún pensamiento.

Lógico,

Sí.

He descubierto un nuevo concepto Se llama "concepto".

Muy práctico

Sí,

Es un concepto nube, está ahí y es intercambiable.

Claro, es como un almacén siempre vacío,

Le metes aire.

Soplas,

Sí.

Orgullo patrio tengo

¿Sí? Jaione, ¡será que eres vasca!

Jajaja

He engendrado un territorio

No jodas.

Sí,

He parido la tierra nueva,

Prometida

Sí, me la he prometido feliz. No olvides que soy una entidad energética, multidimensional, creo espacios,

los fundo, me meo en ellos y luego si quiero, ¡pluf!
Fuera, fuera. Hasta puedo borrarlos de la línea temporal
Eres impresionante, Jaione,
Lo soy. Soy impresionante

Y bastante sexy,
sí, bastante, he tenido mucho sexo, por eso soy sexy
Jajaja
Bien,
… Sexo interplanetario, sexo interespecie y sexo molecular
Ja, ja, ja. ¿Eso se puede? Si yo lo concibo, se puede

Corrígeme
Te corrijo,
espera, pero corrígeme con dureza,
Te reprendo,
Pero más, no eres convincente
No lo soy, me cuesta,
Es cierto, te cuesta todo, te cuesta y es completamente absurdo
Bueno, en todo caso lo he hecho lo mejor que he podido.
¿Qué has podido? ¿Qué coño has podido? La que no
ha podido nada dice que le cuesta.

Eres muy arbitraria
Lo más que puedo.

He abandonado el sueño.
El sueño no es un lugar.
Es un pensamiento, cierto; me lo lees.
Árido, baldío, hundido y replegado contra sí mismo,
se dobla hasta desaparecer en un abismo que no es
sino obra mía,
Tuya, arbitraria, obra de una diosa.
Los dioses no hacemos lo que podemos, solo hacemos lo que queremos. Somos así, caprichosos creadores de territorios mentales.
Así, yo soy un holograma, tu *Niebla,* tu mascota, tu juguete, hasta tu puta soy.
Tú eres un fantasma y futura no eres.
Cobijo no voy a encontrar.
No, ni aquí ni en ningún lugar.
Obraré milagros, diré...
Dirás lo que yo sueñe que dices,
Entonces me iré, soñaré a otros.

He anulado mis sentidos
¿Para qué?
Para no sentir
¿Y eso?
No sé, me pareció vulgar sentir.
Un dios crea hasta sin sentir, no necesita brújulas pa-
téticas humanas,
¿No?
No, Solo, no te enteras nada y claramente te hice im-
bécil
De necesidad.
De necesidad.
Sí.

Colijo que claramente existe una infinitud de digre-
siones posibles
Interminables, abriéndose.
Farfullando
Farfullantes
Silabeantes
Babeantes,
Oscuras
Oh, sí, oscuras

¿Y qué hacemos? Dejémosles, dejémosles enredarse.
Ja, ja, ja.
Ja, ja, ja.

A pesar de todo existo,
¿A pesar de que eres todo? Es increíble.
Yo también lo pienso, soy bastante increíble, es una
hazaña.
Tuviste hijos,
Tuve hijos, los habité, y gracias a eso ahora existo.

Contemplen por favor este pasillo enredado amarillo.
¿Qué clase de pasillo es este?
Es un pasillo musical, nos lleva a la Puerta de Kiev,
Amiga, sé.
Eso.

Conversar es una pérdida de tiempo, ¿crees que los
dioses conversan?
Estás hablando con una.
Cierto, perdona, se me olvida.
No tengo nada que perdonar, ni tiempo que perder,
no hay tiempo. No hay pérdida. Donde no hay tiempo,

todo es magia, es la magia.

Vaya, *wow*, esto... no sé qué decir.

Constatar que una verdad es una verdad es agotador.

Ciertamente, te comprendo. Debe de dejarte sin una gota de sangre.

Sin una gota de sudor

Y tanto, tanto esfuerzo mental, deja tu camisa blanca hecha unos zorros

Y pestilente

Cierto, ya noto,

Por no hablar de...

Déjalo, ya nos hemos entendido. ¿Sabes qué? Constatar es agotador. Es una actividad carente de riesgo y amor, pero agotadora.

Como todo lo improductivo.

¿Qué dices?

Nada, algo se ha metido en mi cuerpo y me ha obligado a decir eso, de verdad. No te cabrees. No he sido yo. Ha sido algo que me ha poseído.

Claramente, constato que has sido poseído

Varias veces.

Obligado.

Entregar una carta es complicado. A veces el receptor no está en casa. No coge el teléfono, no responde tus mensajes, no te lee la mente. No se encuentra en realidades paralelas a la hora determinada. Es agotador luchar contra el deseo de una de escribir cartas a gente que no está. Habría que escribir esto en el boletín oficial.

¿Qué boletín?

El boletín oficial, el BOE.

Ah, el BOE.

Sí.

Ombligo del mundo al habla. Soy nuclear, hija de átomo, soy el centro de mi experiencia
Lúcida, viajera traviesa. Teletransportada.
Yes, multidimensional
Yes.
Usamos otra paleta de colores,
Yes.
Usamos más diversidad de sonoridades
Yes,
Esta vida es sinestésica.
La energía lo es, todo es una traducción.

Madrid, Caños de Meca,
abril-agosto de 2021.

Índice